Mae Sara Sero, Pedr Pedwar a Wali Wyth yn trefnu mynd am bicnic mewn pythefnos.

Mae'n Ddydd Gwener 4ydd o Fai heddiw. Ar ba ddyddiad fydd y picnic?

1

Ar y diwrnod mawr mae'r tri'n mynd i'r arosfan bws.

Mae'r bws yn gadael am 10:15 ac yn cyrraedd y parc am 10:45. Faint yw hyd y daith?

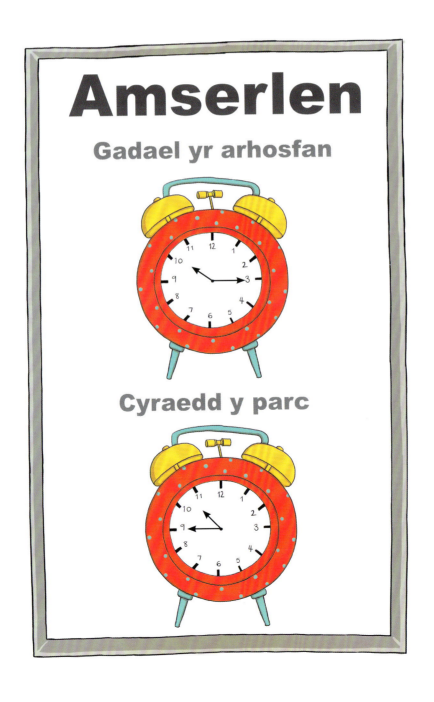

Mae'r tri'n mynd ar y bws.
Mae un tocyn yn costio 20c.
Mae Sara yn gofyn am 3 thocyn ac yn rhoi darn £1 i'r gyrrwr.

Ydy hi'n cael newid?

Mae Pedr yn gosod y flanced bicnic ar y llawr ac yn sylwi bod y sgwariau ar ffurf patrwm.

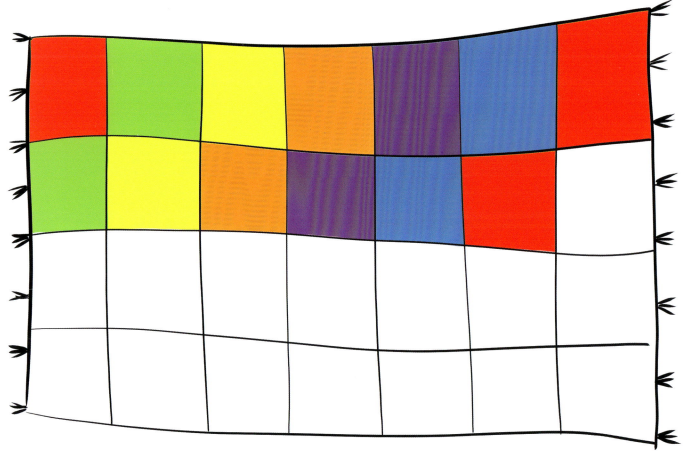

Melyn yw'r 3ydd lliw, a glas yw'r 6ed lliw.

Pa liw yw'r 10fed sgwâr?

Pa liw yw'r 15fed sgwâr?

Pa liw yw'r 20fed sgwâr?

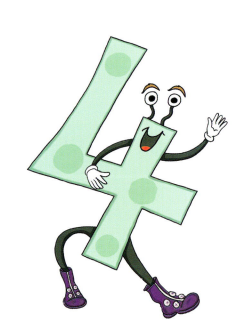

Mae'r tri'n chwarae gêm pâr.
Rhaid iddynt gyfateb y cardiau sydd yr un peth. Fedrwch chi eu helpu?

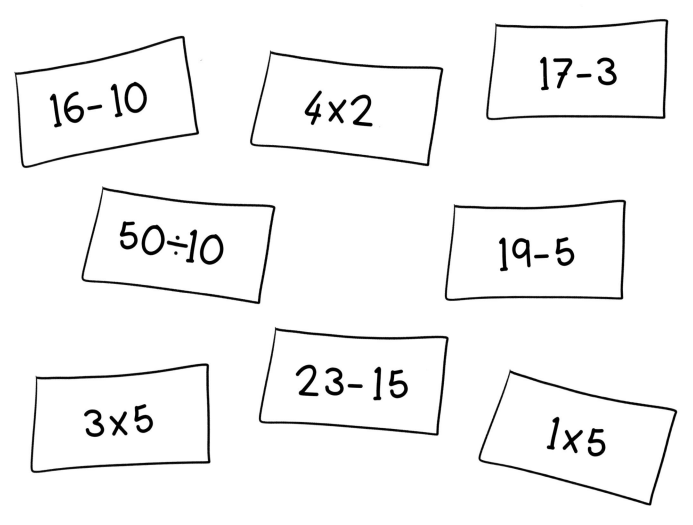

Mae Sara yn dweud
"Dw i wedi dod o hyd i bâr arall!".
Ydy hi'n gywir?

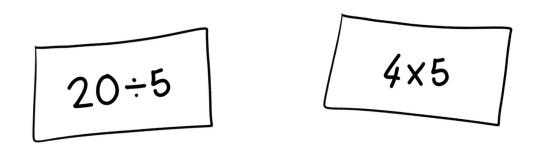

Mae'n amser cinio ac mae Wali yn rhannu'r bwyd rhwng y tri. Mae'r brechdanau yn y fasged. Mae 9 brechdan yna.

Sawl brechdan mae pob un yn ei gael?

Nesaf mae Wali yn torri 2 bitsa'n chwarteri i rannu gyda Sara a Pedr.

"Rydw i eisiau 3 chwarter," meddai Wali. "Hoffwn i gael 4 chwarter", meddai Pedr. "Alla i gael 2 chwarter?" meddai Sara.

Ydy'r tri yn gallu cael y darnau maen nhw eisiau?

Wedi cinio, mae Pedr yn prynu diod i bawb.

Mae'r sudd afal yn costio 10c a'r sudd oren yn costio 20c. Mae Pedr yn rhoi darn 50c i'r dyn.

Faint o newid mae Pedr yn ei gael?

Mae'r tri eisiau hufen iâ o'r fan nesaf. Mae gan y fan hufen iâ gynnig arbennig heddiw!

Mae 1 hufen iâ yn costio 40c, a 2 hufen iâ yn costio 70c.

Beth fydd cyfanswm y 3 hufen iâ?

Mae Sara, Wali a Pedr yn penderfynu eistedd i ddarllen llyfrau.

Mae 12 llyfr yn y bag - llyfrau stori, llyfrau ffeithiol a chomics.

Mae ½ y llyfrau yn rhai stori, a ¼ y llyfrau yn rhai ffeithiol.

Sawl comic sydd ganddyn nhw?

Mae Sara yn darllen comic ac yn gweld tudalennau pôs.

Fedrwch chi ei helpu i ddod o hyd i'r atebion?

1.

(+) (-) (=)

Defnyddiwch ddau o'r arwyddion yma i greu brawddeg rif.

53 ( ) 20 ( ) 33

Ysgrifennwch frawddeg wahanol.

20 ( ) 33 ( ) 53

2.

Cyfrwch ymlaen 10.

26>36>46> ( ) > ( )

3.

Ysgrifennwch y rhifau yma mewn trefn.

64   28   46   39

Mae'r tri wedi cael diwrnod bendigedig! Mae'n amser mynd yn ôl ar y bws. Mae'r bws yn gadael am 3:00 ac mae'r daith yn cymryd 30 munud.

Faint o'r gloch bydd y tri ffrind yn cyrraedd gartref?